JN496049

이복섭 신앙시집

뜨거운 심장

이복섭 시집

뜨거운 심장

초판인쇄 2022년 8월 30일
초판발행 2022년 9월 12일

지은이_ 이복섭
발행인_ 이현자
발행처_ 도서출판 현자

등　록_ 제 2-1884호 (1994.12.26)
주　소_ 서울시 중구 수표로 50-1(을지로3가, 4층)
전　화_ (02) 2278-4239
팩　스_ (02) 2278-4286
E-mail_001hyunja@hanmail.net

값 12,000원

2022 ⓒ 이복섭 Printed in KOREA

무단으로 내용의 일부를 인용하거나 복사, 발췌를 금합니다.

ISBN 978-89-94820-80-4　03810

이복섭 신앙시집

뜨거운 심장

도서출판 현자

감사의 말

기도와 후원

성안교회 이종선 장로님과 이정숙 권사님

흰돌교회 허명근 목사님과 김영옥 사모님

동부교회, 면목교회 외 각처 교회의

기도와 후원에 감사드립니다.

이복섭 배상

시인의 말

성경을 묵상하며
내 마음의 노래를 듣는다
주님과 함께 걸어온 구십여 년의 세월
주님께서 보듬어 주신 그 사랑의 이야기
나는 뜨거운 심장으로 시를 쓴다
구십 고갯마루를 넘으며

주님의 품에서

추천의 글

망백望百의 나이에 이른, 이복섭 시인의 시는 삶의 경륜과 신앙의 깊이가 더해진 특별함이 있다.

하나님 섬김의 마음이 시와 맞닿아 구절마다 배어 있는 것은 그의 삶 자체가 신앙의 길을 올곧게 걸어왔기 때문이다.

그는 신앙시집 《드릴 것 있습니다》, 《부르짖는 눈물》, 《칼날 위를 걷는 달팽이》를 출간했다. 이어 출간된 《뜨거운 심장》은 〈성탄절〉이란 시에서 제목이 비롯됐다. 예수님 탄생에 대한 가슴 아픈 하나님 사랑을 생각하며 시를 쓰다가 눈물 속에 필을 놓게 된 짧은 시이다. '마리아여!// 아기를/ 뜨거운 내 심장 속에/ 넣어주세요'(〈성탄절〉 전문) 속에 예수님 탄생에 대한 시인의 내면적 세계가 드러나는 제목이다.

또한 시심이 보다 맑고 뜨겁게 삶을 고백한 시 〈살아온 세월〉 3~6연에서 '나는/ 내 생명의 뿌리를 잡고/ 몸부림치는 내 모습// 야곱의 하나님이여/ 나의 모습은/ 보이지 않으십니까// 소리 소리 지르며/ 몸부림쳐 봐도/ 아무 말도 없는 광야에서//백발이 되도록/ 살아왔음이 기적이라'고 하며, 10~11연에서 '참 좋으신/ 나의 하나님// 내가 드릴 것은/ 하나님만 사랑하는 것뿐이로다' 하고 '살아옴의 기적'이 '나의 하나님'으로부터 비롯되었으므로, 여생은 자신의 지극한 사랑을 하나님께 되돌려 드리겠다는 성숙한 고백을 하고 있다.

《뜨거운 심장》에 담긴 시를 읽다보면 자연스럽게 하나님께 한 발자국 더 가까이 가 닿아있는 것을 느낄 것이다.

노안에도 불구하고 성경을 묵상하며 기도하듯 시를 쓰는 시인의 모습은, 주변인의 시선에서도 신앙 선배로서 모범적이고 보기에 좋은 삶의 태도라 여겨진다.

– **이현자**(도서출판 현자 대표)

차례

차례

차례

성경을 묵상하며
시를 쓰다

못자국

어두워진 이 세상
갈 길을 모르오니

주님이여
이 손을 꼭 잡고 가소서

주님의 못자국
내 손에 새겨져

영원에서 영원까지
지워지지 않게 하소서

묵상 요10:28

내가 그들에게 영생을 주노니 영원히 멸망하지 아니할 것이요 또 그들을 내 손에서 빼앗을 자가 없느니라.

감람산

죽음보다 강하신
사랑의 주님

참혹한 십자가 앞두고
감람산 마지막 밤

우리 위해
땀방울이 방울방울
땅에 떨어질 때

땅도 떨고
별도 떨고

나는 지금도
깊이 잠이 들었네

주님 오시면
무어라 말할까

묵상 눅22:44

예수께서 힘쓰고 애써 더욱 간절히 기도하시니 땀이 땅에 떨어지는 핏방울 같이 되더라.

사모

아름다운 모색창연이
슬며시 숨어버리면
검고 푸른 하늘에는
작은 별 큰 별들이
반짝이기 시작하고

풀잎들이
이슬에 젖을 때에는
하늘에 별들과
땅의 별들이
합창을 부르네

내가
부끄러워 숨어버리면
창가로 와서
노래 부르네

나도
땅에 별이 되어

하늘의 별들과
노래하기를
사모합니다

묵상 단12:3

지혜 있는 자는 궁창의 빛과 같이 빛날 것이요 많은 사람을 옳은 데로 돌아오게 한 자는 별과 같이 영원토록 빛나리라.

평화

부드러운 햇살로
땅은 생명을 밀어올리고

나비들의 날개 치는 바람 속에
곤하게 잠든 어린아이를

촛불과 태극의 함성으로
잠을 깨우는구나

평화 평화
이 땅에 평화가 어디 있는가

하늘에서 내려오는 평화
태극과 촛불 위에
사랑으로 덮어가는 평화

내 마음속에도
넘쳐흐르는 평화

이것이 진정
하나님이 주시는 평화로다

묵상 요14:27

평안을 너희에게 끼치노니 곧 나의 평안을 너희에게 주노라. 내가 너희에게 주는 것은 세상이 주는 것 같지 아니하니라. 너희는 마음에 근심도 말고 두려워하지도 말라.

싸움터

초가집 언덕 위에
서 있노라면

저녁 노을이 찾아와
나를 감싸기 시작할 때

지팡이로 팽이 돌리듯
돌려버리면

스산한 바람이
내 영혼을 흔들어 놓는다

주여
연약한 나에게

하나님의 전신갑주를
입혀주시고

싸움터에서
승리의 나팔을
불게 하옵소서

묵상 시42:5

내 영혼아 네가 어찌하여 낙망하며 어찌하여 내 속에서 불안하여 하는고 너는 하나님을 바라라 그 얼굴의 도우심을 인하여 내가 오히려 찬송하리로다.

백합화

진흙 속에 피어난
한 송이 백합화

나 비록
너와 같이 초라할지라도

하나님이
천지를 창조하시기 전

하나님의 생기 속에서
태동하였느니라

하얀 눈 덮인 대지 위에
아기 예수가 태어나셨고

주님 다시 오실 때에는
흰옷 입은 천사들의
나팔소리와 함께 오시리라

내 영혼아
주님 맞이하기 위하여
흰옷을 준비하라

백합화는
이미 준비하셨느니라

묵상 마6:28

또 너희가 어찌 의복을 위하여 염려하느냐 들의 백합화가 어떻게 자라는가 생각하여 보라 수고도 아니하고 길쌈도 아니하느니라.

노년의 기도

주님
나 평생
믿음으로 산다하면서도

백발이 되어서야
주님과 함께
십자가에 죽고
철이 들었나이다

주님의 사랑
마음껏 전할 수 있도록
유기하지 마시고
힘을 공급하여 주시옵소서

묵상 시71:18

하나님이여 내가 늙어 백수가 될 때에도 나를 버리지 마시며 내가 주의 힘을 후대에 전하고 주의 능을 장래 모든 사람에게 전하기까지 나를 버리지 마소서.

바구니

우리 집
감나무 밭

여인들이
바구니 들고
홍시를 골라 담고 있다

예배 봉헌 시간
내 앞에 지나가는 바구니

내 손에 있는 감
홍시이든 땡감이든

기쁨이 묻어서
넘쳐흐르는
감을 드립니다

묵상 고후9:7

각각 그 마음에 정한대로 할 것이요 인색함으로나 억지로 하지 말찌니 하나님은 즐겨 내는 자를 사랑하시느니라.

사모思慕곡

시간도 없고
공간도 없고

액체 속에
사랑의 생명으로
피어나는 한 송이 꽃

내 심령에
사모곡 담아
시를 읊조림할 때

세상에서
한번도 듣지 못한
너무 깊은 따뜻한 목소리

손에 못자국
내 손에 새겨서

아름다운 향기
제단 위에 부을 때

영원부터 영원까지
사랑의 꽃이 피리라

묵상 엡1:4

곧 창세 전에 그리스도 안에서 우리를 택하사 우리로 사랑 안에서 그 앞에 거룩하고 흠이 없게 하시려고

민들레

진창에서도 피는
너의 강한 생명력

하얀 관모에 씨를 달고
바람 따라가는
아름다운 모습

한 알의 밀알이 죽은 곳에
생명이 살고

생명이 사는 곳에
민족이 사는
위대한 선교들

너 민들레야
하늘도 기뻐하고
땅도 기뻐하노라

묵상 딤후4:2

너는 말씀을 전파하라 때를 얻든지 못 얻든지 항상 힘쓰라 범사에 오래 참음과 가르침으로 경책하며 경계하며 권하라.

잔디

하나님의 오묘하신
창조의 솜씨

흙의 붕괴를 막기 위하여
잔디로 지표地表를
빽빽이 덮으셨도다

사람이나 동물들이 밟아도
다시 일어서는 힘을
하나님이 주셨도다

가장 낮은 잔디여
가장 낮은 서민이여

묵상 출19:5-6

세계가 다 내게 속하였나니 너희가 내 말을 잘 듣고 내 언약을 지키면 너희는 열국 중에서 내 소유가 되겠고/ 너희가 내게 대하여 제사장 나라가 되며 거룩한 백성이 되리라 너는 이 말을 이스라엘 자손에게 고할찌니라.

할미꽃

나를 등에 업고
고이 기르다가
꼬부랑 할망구가
되어버렸네

할미 무덤에
할미꽃 피고
할미꽃 향기 위에
주님의 십자가 섰네

하나님이 나를
이토록 사랑하셨나요
나
눈물 흘릴 때

할미 손으로
씻어주시네

묵상 계21:4

모든 눈물을 그 눈에서 씻기시매 다시 사망이 없고 애통하는 것이나 곡하는 것이나 아픈 것이 다시 있지 아니하리니 처음 것들이 다 지나갔음이러라.

연가

고통과 눈물을 안고
노예로 살아가면서

영혼의 깊은 절규 속에
애절하게 부르는
흑인의 연가

"너 거기 있었는가"

나는
믿음의 일그러진 현주소가
부끄러워 입을 닫고 만다

"떨려 떨려 떨려"
"영광 영광 영광"

묵상 마27:55

예수를 섬기며 갈릴리에서 부터 좇아온 많은 여자가 거기 있어 멀리서 바라보고 있으니

빛과 어둠

빛과 어둠의 행렬이
마주쳤도다

어둠에 덮어진
죽음의 행렬

"슬퍼하지 마라
청년아
일어나라"

말씀에 의지하여
살아 앉았도다

말씀의 빛
생명의 빛
구원의 빛

나 오늘도
빛 가운데
살게 하옵소서

묵상 눅7:11-17

그 후에 예수께서 나인이란 성으로 가실쌔 제자와 허다한 무리가 동행하더니/ 성문에 가까이 오실 때에 사람들이 한 죽은 자를 메고 나오니 이는 그 어미의 독자요 어미는 과부라 그 성의 많은 사람도 그와 함께 나오거늘/ 주께서 과부를 보시고 불쌍히 여기사 울지 말라 하시고/ 가까이 오사 그 관에 손을 대시니 멘 자들이 서는지라 예수께서 가라사대 청년아 내가 네게 말하노니 일어나라 하시매/ 죽었던 자가 일어앉고 말도 하거늘 예수께서 그를 어미에게 주신대/ 모든 사람이 두려워하며 하나님께 영광을 돌려 가로되 큰 선지자가 우리 가운데 일어나셨다 하고 또 하나님께서 자기 백성을 돌아보셨다 하더라/ 예수께 대한 이 소문이 온 유대와 사방에 두루 퍼지니라.

나의 십자가

누구나 지는 십자가
나도 지는
나의 십자가

길이요 진리요
생명으로 가는 십자가

무섭고 힘들어도
말없이 묵묵히
지고 가는 십자가

어디쯤 왔을까
내 영혼에게 물어본다

내 영혼은
아침 햇살이라 하고

내 육신은
저녁 노을이라 하네

주님 부르실 때
이 모습 이대로
십자가 지고 서리라

묵상 마16:24

이에 예수께서 제자들에게 이르시되 아무든지 나를 따라 오려거든 자기를 부인하고 자기 십자가를 지고 나를 좇을 것이니라.

향취

여인의 화장 향취는
기쁘게 하지만
물로 씻으면 사라지고

꽃의 향취는
아름답지만
꽃이 시들면 사라지고

하나님 말씀의 향취는
생명을 살리는
진眞 선善 미美의 향취로다

묵상 창2:9

여호와 하나님이 그 땅에서 보기에 아름답고 먹기에 좋은 나무가 나게 하시니 동산 가운데에는 생명나무와 선악을 알게하는 나무도 있더라.

내 얼굴

얼굴에 주름살
참으로 보잘 것 없네

그러나
온 인류 중

나 닮은 꼴 없는
최고의 작품이로다

모세 얼굴의 광채가
내게 없을지라도

성경책 펴 놓으면
말씀의 광채가 반사되네

묵상 출34:35

이스라엘 자손이 모세의 얼굴의 광채를 보는 고로 모세가 여호와께 말씀하러 들어가기까지 다시 수건으로 자기 얼굴을 가리웠더라.

자화상

그리운 풍경들은
바람에 점점 실려 나가고

그리운 벗들은
각기 제 길을 찾아
떠나가고 있노라

지금도 바람은 불고
비는 자꾸만 내리는데

개미와 잠자리
나비와 개똥벌레들은
바보 같은 나를
감싸 돌고 있음이여

어찌 창조주
나의 아버지 하나님을
사랑하지 않으리요

감사의 눈물을 담아

찬양을 번제단 위에
올려놓았사오니

기뻐 영광 또 영광
받으시옵소서

묵상 마22:37

예수께서 가라사대 네 마음을 다하고 목숨을 다하고 뜻을 다하여 주 너의 하나님을 사랑하라 하셨으니

묵상 기도

나는
마음 깊은 곳에
문을 닫습니다

주님 앞에 말없이
무릎을 꿇습니다

수많은 사연들
두서없이 아뢰여도

"내가 다 알고 있다"
말씀하시는 주님

때로는
주님 앞에 말없이
웃기도 하고

때로는
주님 앞에 말없이
춤을 추기도 하고

때로는
주님의 손을
내 머리 위에 먼저 놓으면

부드러운 따뜻한 손에
슬며시 잠이 듭니다

묵상 마6:6

너는 기도할 때에 네 골방에 들어가 문을 닫고 은밀한 중에 계신 네 아버지께 기도하라 은밀한 중에 보시는 네 아버지께서 갚으시리라.

비

비가 내리네
주룩주룩
비가 내리네

대지를
청소하느라
비가 내리네

눈물 흐르네
주룩주룩
눈물 흐르네

마음 성전
청소하느라
눈물이 넘쳐흐르네

묵상 고후5:17

그런즉 누구든지 그리스도 안에 있으면 새로운 피조물이라 이전 것은 지나갔으니 보라 새것이 되었도다.

조약돌

창조주 하나님께서
너희를 택하사

바다가에 있는 늑골에
펼쳐놓으셨구나

조약돌이 되기까지
얼마나 고통과 아픔을 참았을까

이제는
바다와 땅 사이
진주목걸이가 되었네

나도
주님을 본받아
살이 찢어지는 아픔을 안고

사랑의 십자가를
만들어가고 있노라

묵상 고전1:18

십자가의 도가 멸망하는 자들에게는 미련한 것이요 구원을 얻는 우리에게는 하나님의 능력이라.

잃어버린 날

해를 뒤에 두고
너무 멀리 왔나보다

말씀의 빛 속에서
자라나는 씨 한 톨

뒤돌아보니
보이지 않네

불러봐도
대답은 없고

구곡간장
타는 목소리

찾고 또 찾으면
찾으리라

묵상 눅2:41-47

그 부모가 해마다 유월절을 당하면 예루살렘으로 가더니/ 예수께서 열두 살 될 때에 저희가 이 절기의 전례를 좇아 올라갔다가/ 그 날들을 마치고 돌아갈 때에 아이 예수는 예루살렘에 머무셨더라 그 부모는 이를 알지 못하고/ 동행 중에 있는 줄로 생각하고 하룻길을 간 후 친족과 아는 자 중에서 찾되/ 만나지 못하매 찾으면서 예루살렘에 돌아갔더니/ 사흘 후에 성전에서 만난즉 그가 선생들 중에 앉으사 저희에게 듣기도 하시며 묻기도 하시니/ 듣는 자가 다 그 지혜와 대답을 기이히 여기더라.

몸부림

흐르는 냇물에
피라미 한 마리

몸부림치며
거슬러 올라가고

죽은 잉어는
떠내려간다

나는
윗 것을 향하여

몸부림치며
올라가고 있는가

묵상 시1:6

대저 의인의 길은 여호와께서 인정하시나 악인의 길은 망하리로다.

푯대

호각소리와 함께
초등학교 가을 운동회

지금은 엄마와 아들
한쪽 발목을 같이 묶고

규정된 선 안에서
같이 달린다

같이 넘어지면
엄마는 웃고 아들은 울고

끝까지 달리는 자
상 받으리라

묵상 고전9:24

운동장에서 달음질하는 자들이 다 달아날찌라도 오직 상 얻는 자는 하나인 줄을 너희가 알지 못하느냐 너희도 얻도록 이와 같이 달음질하라.

지난날들

황혼의 길에 서서
뒤돌아볼 때

꽃을 보고서
아름답다 보다는
왜 아름답게 피었는가를
생각해 봤는가

재물을 벌어서
즐거워하는 것보다는
남을 주는 것을
좋아했는가

교회에 얼마나
충성했는가 보다는
이웃을 얼마나
사랑했는가를

고통 받는 자를 보고
나는 저러지 않으리라 보다는

다가가
눈물을 닦아주었는가를

내가 죽으면
업적을 발표하는 것보다는
얼마나 많은 사람이
애통할까를

나의 생을
평가해 봤다

묵상 시119:105

주의 말씀은 내 발에 등이요 내 길에 빛이니이다.

산골마을

바람도 쉬었다가는
온화한 어느 산골 작은 마을

종탑 위 십자가에는
이름 모를 새 한 마리 졸고 있네

예배 시간에는
풀과 꽃나무와 새들도
함께 찬양하네

정오가 되면
가정마다 포도밭에서
포도 익어가는 소리가

산 넘어 강 건너까지
들려오네

하늘도 기뻐하고
땅도 기뻐하는
어느 산골 작은 마을

묵상 시96:11-12

하늘은 기뻐하고 땅은 즐거워하며 바다와 거기 충만한 것은 외치며/ 밭과 그 가운데 모든 것은 즐거워할찌로다. 그리할 때에 삼림의 나무들이 여호와 앞에서 즐거이 노래하리니

과일 한 알

식탁 위에 놓인
과일 한 알

이글거리는 태양
얼마나 참았을까
빨갛게 익기까지

하나님 사랑
순종했구나

나는
바라만 보고
먹을 수가 없네

묵상 고전13:4-7

사랑은 오래 참고 사랑은 온유하며 투기하는 자가 되지 아니하며 사랑은 자랑하지 아니하며 교만하지 아니하며/ 무례히 행치 아니하며 자기의 유익을 구치 아니하며 성내지 아니하며 악한 것을 생각지 아니하며/ 불의를 기뻐하지 아니하며 진리와 함께 기뻐하고/ 모든 것을 참으며 모든 것을 믿으며 모든 것을 바라며 모든 것을 견디느니라.

항상 기뻐하라

황혼의 길에 서서

주의 이름을 부르니
기뻐하고

남을 위해 기도할 수 있으니
기뻐하고

생명 사역에 동참해서
기뻐하고

새 에덴에
사랑의 밧줄을 걸어놓고
기뻐하고

해방의 노래
구원의 노래
종말의 노래가

내 영혼에 넘쳐서
항상 기뻐하노라

묵상 살전5:16

항상 기뻐하라.

두 나무

동산 중앙에
두 나무

한 나무는
두루마리 첫장을 잡고

한 나무는
두루마리 끝장을 잡고

서로가 교감하는
성파聖波 위에

인류의 역사가
출렁이고 있네

주님의 날 오면
새 하늘과
새 땅이 시작되겠지

묵상 계21:1~22:5

또 내가 새 하늘과 새 땅을 보니 처음 하늘과 처음 땅이 없어졌고 바다도 다시 있지 않더라. ~ 다시 밤이 없겠고 등불과 햇빛이 쓸 데 없으니 이는 주 하나님이 그들에게 비치심이라 그들이 세세토록 왕 노릇 하리로다.

갈래 길

어둔 밤 캄캄한 밤
갈래갈래 길 위에
비가 내리네

꿰맨 북을 치며
행렬들의 발자국 위에
비가 내리네

구름이 지나고
비가 그치면

햇빛보다 더 밝은
빛이 임하기 좋은

내 발에 등불은
꺼지지 않으리

묵상 시119:105

주의 말씀은 내 발에 등이요 내 길에 빛이니이다.

몸부림

주님의 십자가
끝을 잡고
몸부림치다가

어느새
백발이 되었네

꿰맨 북이나마
치고 가자
치고 가자

생명의 길 위에
어느새
눈이 녹았네

묵상 습3:17

너의 하나님 여호와가 너의 가운데 계시니 그는 구원을 베푸실 전능자시라 그가 너로 인하여 기쁨을 이기지 못하여 하시며 너를 잠잠히 사랑하시며 너로 인하여 즐거이 부르며 기뻐하시리라 하리라.

눈

두 손 들고 기도하는
메마른 가지 위에

눈이
소복소복 내리네

얼어붙은 골짝 얼음판 밑에
송사리들이
묵상 기도하는 그 위에도

눈이
소복소복 내리네

완산 칠봉 산마루를
춤을 추며 넘나드는
까마귀 위에

눈이
소복소복 내리네

훗날 깨끗한 영으로
주님 앞에 서기 위해서

겉옷부터 하나씩 하나씩
벗어버리는 내 옷 위에

함박눈이 조용히
소복소복 내리네

묵상 욥37:6

눈을 명하여 땅에 내리라 하시며 적은 비와 큰 비도 그 같이 내리게 하시느니라.

오늘

오늘 내가 살아 있음을
내 영혼아 감사하라

새 하늘과 새 땅에서
찬란한 빛과 소리를 들으니
내 영혼아 기뻐하라

오늘도 말없이
뚜벅뚜벅 걸어가는 길가에서

풀잎들이 손뼉 치며
환호하는 모습

내 영혼아
즐거워하라

오늘이 있기에
아름다운 진리의 길 위에서

내 영혼아
춤을 추어라

묵상 눅23:43

예수께서 이르시되 내가 진실로 네게 이르노니 오늘 네가 나와 함께 낙원에 있으리라 하시니라.

자운영 풀

태양신에게
공출로 다 빼앗기고

자운영 풀 죽 쑤어
먹고 살던 그 시절

지난날을 용서는 하고
잊지는 않으리라

지금도
남쪽 들판에는

자운영 꽃이
피고지겠지

묵상 엡4:32

서로 인자하게 하며 불쌍히 여기며 서로 용서하기를 하나님이 그리스도 안에서 너희를 용서하심과 같이 하라.

그릇

차 없는 거리에서
색소폰으로 환희 곡을 불러도
춤을 추는 자 없고

병원 구급차
경적을 울려도
비켜주는 자 없고

너는 너
나는 나

이제는
입문도 막아버렸네

마음 그릇에
하나님 사랑 담으면

너는 나
나는 너

묵상 눅7:32

비유컨대 아이들이 장터에 앉아 서로 불러 가로되 우리가 너희를 향하여 피리를 불어도 너희가 춤추지 않고 우리가 애곡을 하여도 너희가 울지 아니하였다 함과 같도다.

고센 땅에서

태풍이 불고
비가 몹시
사납게 쏟아진다

고센 땅 4층 위에
교회 지붕이 뚫렸다

나는 밤새
빗물을 퍼냈다

목회자도 울고
나도 울고

고센 땅 위에
무릎을 꿇고

감사 기도를
한없이 드렸다

묵상 고전1:27-29

그러나 하나님께서 세상의 미련한 것들을 택하사 지혜 있는 자들을 부끄럽게 하려 하시고 세상의 약한 것들을 택하사 강한 것들을 부끄럽게 하려 하시며/ 하나님께서 세상의 천한 것들과 멸시 받는 것들과 없는 것들을 택하사 있는 것들을 폐하려 하시나니/ 이는 아무 육체라도 하나님 앞에서 자랑하지 못하게 하려 하심이라.

빛 1

태풍이 불어서
과일이
우수수 떨어졌네

마음속 열매는
가지에
붙어있음이여

빛이
안과 밖
다르기에

묵상 요15:5

나는 포도나무요 너희는 가지니 저가 내 안에, 내가 저 안에 있으면 이 사람은 과실을 많이 맺나니 나를 떠나서는 너희가 아무것도 할 수 없음이라.

빛 2

하늘에서 내려오는
찬란한 빛이
온 땅에 충만하도다

내 마음속
작은 성전에도

진리의 빛
생명의 빛
순결의 빛
넘쳐나게 하시고

이마에는 성결
가슴에는 사랑
손에는 구원의 잔을 들고

거룩 거룩 거룩
춤을 추게 하시네

묵상 계21:23

그 성은 해나 달의 비침이 쓸데 없으니 이는 하나님의 영광이 비취고 어린 양이 그 등이 되심이라.

창조주

나를 창조하시고
그렇게도 기뻐하시며

태평양 위에서
주의 이름만 불러도
나와 함께 하시네

나를 창조하시고
그렇게도 기뻐하시며

사막의 모래 바람 속에서
주의 이름만 불러도
나와 함께 하시네

나를 창조하시고
그렇게도 기뻐하시며

광야의 캄캄한 밤
주의 이름만 불러도
나와 함께 하시네

나의 보호자가 되시는 주여
주님 한 분만을 사랑합니다

영원에서 영원까지
주의 영이 내 안에 계심이여

묵상 요15:7

너희가 내 안에 거하고 내 말이 너희 안에 거하면 무엇이든지 원하는대로 구하라 그리하면 이루리라.

평화

이 땅에는 끊임없이
전쟁이 계속되는데

포성이 멈추고
평화가 오면

천막도 군복도 군화도
벗어버리고

그리운 부모 형제
생각하면서

춤을 추며
달려가는 길

생명의 길
구원의 길
영생의 길

묵상 요3:16

하나님이 세상을 이처럼 사랑하사 독생자를 주셨으니 이는 저를 믿는 자마다 멸망치 않고 영생을 얻게 하려 하심이니라.

동백꽃

하얀 눈 속에서
붉은 꽃 한 송이

얼어붙은 마음을
녹여주는
아름다운 동백꽃

너는
겨울 밤
반짝이는 별들과
하나 되어서

동방박사들의
땅에 길잡이 되고

천사들의
노랫소리 속으로
숨어버리네

묵상 마2:9

박사들이 왕의 말을 듣고 갈새 동방에서 보던 그 별이 문득 앞서 인도하여 가다가 아기 있는 곳 위에 머물러 섰는지라.

옹달샘

깊은 산골
암석이 짜내는 물방울
똠방 똠방 똠방

바위 밑에
옹달샘이 되고

옹달샘 물 위에
바가지 하나

목마른 자들을
기다리고 있네

내 마음 밭에도
생명수가
똠방 똠방 똠방

싹이 나고 잎이 나고
꽃이 피고 열매 맺는

성령의 열매가
맺어가고 있네

묵상 요9:7

이르시되 실로암 못에 가서 씻으라 하시니 (실로암은 번역하면 보냄을 받았다는 뜻이라) 이에 가서 씻고 밝은 눈으로 왔더라.

민들레 집

작은 터
민들레 밭

관모에 씨를 달고
바람따라 가는 모습
아름다워라

머무는 곳에
생명들이 살아나고

땅도 하늘도
박수소리에

해도 달도
머물고 있네

묵상 겔37:1-14

여호와께서 권능으로 내게 임하시고 그 신으로 나를 데리고 가서 골짜기 가운데 두셨는데 거기 뼈가 가득하더라 ~ 내가 또 내 신을 너희 속에 두어 너희로 살게 하고 내가 또 너희를 너희 고토에 거하게 하리니 나 여호와가 이 일을 말하고 이룬 줄을 너희가 알리라 나 여호와의 말이니라 하셨다 하라.

눈물

해외에 있는
친구의 고난 위해
찾아가는 것 좋지만

먼저
내 옆에 있는 친구의 고난에
사랑의 눈물로 손잡아 줄 때

깊숙한
생명의 결실을 맺으리라

묵상 시126:5

눈물을 흘리며 씨를 뿌리는 자는 기쁨으로 거두리로다.

고목과 나

고목 앞에
나
백발이 마주 섰네

너는
많은 사람 그리고 많은 새들
모두 품에 안고

모진 세풍도 이겨내며
위풍당당했던 너

지금은
메마른 가지에
달이 걸쳤구나

너와 나 합창으로
노래 한 곡 불러보자

'반달'
푸른 하늘 은하수 하얀 쪽배에

계수나무 한 나무 토끼 한 마리
돛대도 아니 달고 삿대도 없이
가기도 잘도 간다 서쪽 나라로

묵상 욥14:7-10

나무는 소망이 있나니 찍힐찌라도 다시 움이 나서 연한 가지가 끊이지 아니하며/ 그 뿌리가 땅에서 늙고 줄기가 흙에서 죽을찌라도/ 물 기운에 움이 돋고 가지가 발하여 새로 심은 것과 같거니와/ 사람은 죽으면 소멸되나니 그 기운이 끊어진즉 그가 어디 있느뇨.

열린 문

나
절망과 아픔과
고통의 바닥에서
한줄기 빛을 보았네

빛살을 잡고
몸부림치는데

나의 그림자가
헐떡거리며
따라오네

성령님이여
말씀의 검으로
꼬리를 잘라주시고

생명의 열린 문을 향하여
천천히
걸어가게 하옵소서

묵상 계21:25

성문들을 낮에 도무지 닫지 아니하리니 거기는 밤이 없음이라.

내 모습

나
백발에

근심과 걱정도 많고
가난하고
아무 것도 없는 자 같으나

내 영혼은
창조주가 내 아버지시라

마음 밭고랑에는
물이 넉넉하고
씨에 복을 주사

많은 사람을
부요하게 하고
항상 기쁨이 넘치는도다

묵상 고후6:10

근심하는 자 같으나 항상 기뻐하고 가난한 자 같으나 많은 사람을 부요하게 하고 아무 것도 없는 자 같으나 모든 것을 가진 자로다.

교회의 영광

구원의 예복을 입고
춤을 추며(예배)
새 노래 부를 때

보좌에 앉으신 이가
기쁨을 이기지 못하시며

하늘 문을 여시고
한줄기 빛이
교회 위에 머물렀도다

이 빛 따라서
손에 손 잡고

오늘도 내일도
아름다운 소식을
전하러 나가세

나가세 나가세
이 빛 따라서
힘차게 나가세

'교회의 영광'(엡1:3-7)이라는 박범종 담임목사님의 설교를 집에서 묵상하며 지은 시입니다.

묵상 엡1:3-7

찬송하리로다 하나님 곧 우리 주 예수 그리스도의 아버지께서 그리스도 안에서 하늘에 속한 모든 신령한 복으로 우리에게 복 주시되/ 곧 창세 전에 그리스도 안에서 우리를 택하사 우리로 사랑 안에서 그 앞에 거룩하고 흠이 없게 하시려고/ 그 기쁘신 뜻대로 우리를 예정하사 예수 그리스도로 말미암아 자기의 아들들이 되게 하셨으니/ 이는 그의 사랑하시는 자 안에서 우리에게 거저 주시는바 그의 은혜의 영광을 찬미하게 하려는 것이라/ 우리가 그리스도 안에서 그의 은혜의 풍성함을 따라 그의 피로 말미암아 구속 곧 죄 사함을 받았으니

내 영혼

내 영혼아 슬퍼만 하지 말고
고통의 문을 열어라

찬란한 빛 가운데서
생명들의 노랫소리가
하늘을 가르고
땅을 가르는구나

내 영혼아 슬퍼만 하지 말고
갈릴리에 가서

순종의 복 열매를
빛살에 걸어 놓고
바람을 잡고
파도를 타라

내 영혼아 슬퍼만 하지 말고
네가 건축한 성전을 헐어서

새 하늘과 새 땅에 뿌리고
그 위에서

생명의 노래로
춤을 추어라

묵상 시42:5

내 영혼아 네가 어찌하여 낙망하며 어찌하여 내 속에서 불안하여 하는고 너는 하나님을 바라라 그 얼굴의 도우심을 인하여 내가 오히려 찬송하리로다.

꽃

나 가는 길
생명의 길에는

철을 따라
꽃들이 만발하게 피었네

내 머리에도 피고
내 허리에도 피고
내 지팡이에도 피고

이 아름다운 꽃들 위해
나를 유기하지 마시고

새 힘을
공급하여 주옵소서

묵상 민17:8

이튿날 모세가 증거의 장막에 들어가 본즉 레위 집을 위하여 낸 아론의 지팡이에 움이 돋고 순이 나고 꽃이 피어서 살구 열매가 열렸더라.

아픔

인도人道에
보도블록 바닥재를 뚫고

방긋 웃는
어린 풀잎 하나

사람들의 구둣발에
살이 떨어져 나가는 아픔

사랑의 진액을
손가락에 찍어서
발라주었다

그리고
내 마음도 아팠다

묵상 시90:5-6

주께서 저희를 홍수처럼 쓸어 가시나이다 저희는 잠간 자는것 같으며 아침에 돋는 풀 같으니이다./ 풀은 아침에 꽃이 피어 자라다가 저녁에는 벤바 되어 마르나이다.

반납

사람이 세상을 떠날 때는
모든 것을 놓고 간다

그러나 한 가지
가지고 가는 것이 있다
시민권이다

하늘의 시민권은
하늘에 가져가고

땅의 시민권은
땅에 반납한다

훗날
하늘의 시민권을 가지고

보좌 앞
생명책 속에 있는

자기 이름 위에
반납해야 한다

묵상 빌3:20

오직 우리의 시민권은 하늘에 있는지라 거기로서 구원하는 자 곧 주 예수 그리스도를 기다리노니

부끄러운 얼굴

호산나 호산나
외치는 소리에

성급한 목련화는
벌거벗은 채 달려오고

개나리는
담장 너머로
얼굴을 내민다

봄의 생명들이
밤낮으로
하늘만 바라보고 있는데

저녁이 되면
내 얼굴이
부끄럽기만 하구나

묵상 마21:9

앞에서 가고 뒤에서 따르는 무리가 소리질러 가로되 호산나 다윗의 자손이여 찬송하리로다 주의 이름으로 오시는이여 가장 높은 곳에서 호산나 하더라.

닭이 울기 전

쓸모없는 술병 하나가
굴러다닌다

건축자의 손에서
산산조각이 났다
얼마나 아팠을까

그러나
높은 담장 위의
귀한 파수꾼이 되었다

나도
하나님의 은혜로
내 몸이 깨졌다면

닭이 울기 전
세 번이나
부인하지 않았으리라

묵상 마26:34

예수께서 가라사대 내가 진실로 네게 이르노니 오늘밤 닭 울기 전에 네가 세 번 나를 부인하리라.

행복한 자

내 영혼아
너는 행복한 자로다

네 발이
하나님 성전에 있음이여

정오의 햇빛이
백발 위에 발하고

시와 찬미로
하늘과 땅을 걸으며

네 손은
포도나무를 붙잡았도다

벌거벗은 아담의
따뜻한 사랑의 체온이

잠잠한 물결 위에
흘러만 가고

내 영혼아
너는 행복한 자로다

네 발이
하나님 성전에 있음이여

묵상 시122:2

예루살렘아 우리 발이 네 성문 안에 섰도다.

주의 날

나
광야의 길에서

굽이굽이 흐르는
눈물의 강을 안고

귀는 하늘을 향하여
열어 놓았노라

나팔소리 울리는
주의 날 생각하며

오늘도 생명의 길을
뚜벅뚜벅 걸어가면서

내 영혼은
내 속의 작은 성소 앞에
무릎을 꿇었도다

묵상 요6:39-40

나를 보내신 이의 뜻을 행하려 함이니라 나를 보내신 이의 뜻은 내게 주신 자 중에 내가 하나도 잃어버리지 아니하고 마지막 날에 다시 살리는 이것이니라./ 내 아버지의 뜻은 아들을 보고 믿는 자마다 영생을 얻는 이것이니 마지막 날에 내가 이를 다시 살리리라 하시니라.

숨결

눈 속에 덮여진
미생물들 위해

조용히
봄비가 내리고

꽃씨들이
눈을 뜨며

땅이
태동할 때

잠잠히 기뻐하시는
웃음소리가

내 몸 성전에도
가득하도다

묵상 아2:11-12

겨울도 지나고 비도 그쳤고/ 지면에는 꽃이 피고 새의 노래할 때가 이르렀는데 반구의 소리가 우리 땅에 들리는구나.

봄비

메마른 가지에
비가 내리네

솜이불 제치고
개구리 녀석
펄쩍 뛰어나오네

주님이 창조하신
사랑의 대지를

조심조심 물로 씻어주시는
봄비가 내리네

굶주린 생명들이
물을 꿀꺽꿀꺽 마시는 소리

흐뭇한 미소 짓는
주님의 사랑으로

내 마음 밭 이랑에도
비가 내리네

묵상 시65:10

주께서 밭고랑에 물을 넉넉히 대사 그 이랑을 평평하게 하시며 또 단 비로 부드럽게 하시고 그 싹에 복 주시나이다.

그때 그날

청계천 판자촌 다리 밑
움막집에서
웃음소리 박수소리

거적문 사이로
슬며시 들여다보았다

갓난아이가 일어나서
한 발자국 한 발자국 걷다가
자빠지고 일어나고

힘들고 고달픈 삶 속에도
기쁨이 넘치는 가족들

나도 마음 속으로
기뻐했다

내가 다니는 천막교회
날마다 새 생명이
탄생하기 때문에

묵상 학1:8

너희는 산에 올라가서 나무를 가져다가 전을 건축하라 그리하면 내가 그로 인하여 기뻐하고 또 영광을 얻으리라 나 여호와가 말하였느니라.

은혜

나는
깊은 곳에 그물을 쳐보기도 하고

나는
땅을 깊이 파기도 하고

나의
영혼이 울기도 하고

이럴 때마다
말없이 조용히
웃으시는 주님

뒤돌아보니
모두다
주님의 은혜라

묵상 빌4:6-7

아무 것도 염려하지 말고 오직 모든 일에 기도와 간구로, 너희 구할 것을 감사함으로 하나님께 아뢰라./ 그리하면 모든 지각에 뛰어난 하나님의 평강이 그리스도 예수 안에서 너희 마음과 생각을 지키시리라.

열매

뜰의 감나무
가지가 휘청거리며
감이 주렁주렁 익어 가고

나는
저녁노을에
벌겋게 물들어가고

내 속의 열매는
성령으로
언제 익어 갈꼬

묵상 갈5:22-23

오직 성령의 열매는 사랑과 희락과 화평과 오래 참음과 자비와 양선과 충성과/
온유와 절제니 이같은 것을 금지할 법이 없느니라.

아멘

믿음의 선진들이
아침햇살을 들어올리며
아멘 아멘 하고 찬양을 부를 때

장엄하고 광활한 이 땅의
생명들이
아멘 아멘하고 눈을 뜨도다

나는 무릎을 꿇고
빛과 소리를 들으며

말씀으로 아멘
감사하며 아멘
기쁨으로 아멘

아멘 속에서
시와 찬미로
주를 향하여 즐거이 부르자

묵상 계22:20

이것들을 증거하신 이가 가라사대 내가 진실로 속히 오리라 하시거늘 아멘 주 예수여 오시옵소서.

자화상

주의 이름만 불러도
그렇게 기뻐하셔서

밭고랑에는
물이 넉넉하게 하시고

가지에는
열매가 익어가게 하시네

나
지팡이 짚고

주님 가신 길
천천히 가오니

비가 오나 눈이 오나
주님 발자국
지워지지 않도록

환한 빛으로
보여주시옵소서

묵상 요14:6

예수께서 가라사대 내가 곧 길이요 진리요 생명이니 나로 말미암지 않고는 아버지께로 올 자가 없느니라.

성실(사순절)

무서운 겨울의 횡포를
부드러운 햇살로 밀어내는 봄에

주님의 가슴은
찢어지는 아픔이여

별들도 꽃들도
노래를 잊어버리고
눈물로 대지를 적시고 있네

나는 다시는
주님을 슬프게 하지 않으리라
다짐하면서도

오늘도 여전히
잘 먹고 잘 자고 잘 웃고
잘 다니고 있습니다

성령님이여
성실한 마음속에서

사순절의 뜻을
날마다 되새김질하게 하시고

주님과 함께 영광을 받기 위하여
주님과 함께 고난도 맞게 하옵소서

묵상 롬8:17

자녀이면 또한 후사 곧 하나님의 후사요 그리스도와 함께한 후사니 우리가 그와 함께 영광을 받기 위하여 고난도 함께 받아야 될 것이니라.

봄날

내 눈물과 기쁨이 담겨 있는
작은 예배당

계단마다 새로이
봄꽃이 앉아 있어
활짝 웃고 있네

야긴과 보아스 두 기둥에는
장다리꽃이 감싸 있고

만물들의 노래 소리에
내 마음 꽃이 되어
진한 향기 주님 앞에 올리네

묵상 요4:24

하나님은 영이시니 예배하는 자가 신령과 진정으로 예배할찌니라.

찬양(성가대)

모리아산 제물의 향기가
예복 입은 성가대 위에
머물렀고

내가 입은 슬픔의 옷은
찬양의 드레스로
갈아입었도다

성가대가 찬양으로
하늘문을 열면

혼인잔치 한마당에는
미리암이 소고 치고 춤을 출 때
천하 만물들도 춤을 추고

시와 찬미로
영원토록 경배드리네

묵상 출15:20-21

아론의 누이 선지자 미리암이 손에 소고를 잡으매 모든 여인도 그를 따라 나오며 소고를 잡고 춤추니/ 미리암이 그들에게 화답하여 가로되 너희는 여호와를 찬송하라 그는 높고 영화로우심이요 말과 그 탄 자를 바다에 던지셨음이로다 하였더라.

송구영신(예배)

기쁨과 즐거움
슬픔과 괴로움

타오르는 촛불에
태워버릴 때

내 마음 밭에는
눈이 내리네

시간의 영zero점에서
주님이 펼쳐놓으신
광음을 받아

나도
빛이 되고
소금이 되리라

묵상 마5:16

이같이 너희 빛을 사람 앞에 비취게 하여 저희로 너희 착한 행실을 보고 하늘에 계신 너희 아버지께 영광을 돌리게 하라.

나의 아버지

처음 만났을 때
나는
높아지고

다음 만났을 때
나는
낮아지고

지금 만났을 때
내 마음속의
성전에 계시오니

부활의 소망으로
기쁨과 감사가
넘치나이다

묵상 고전3:16-17

너희가 하나님의 성전인 것과 하나님의 성령이 너희 안에 거하시는 것을 알지 못하느냐/ 누구든지 하나님의 성전을 더럽히면 하나님이 그 사람을 멸하시리라 하나님의 성전은 거룩하니 너희도 그러하니라.

한 시간

강단의 종소리에
하늘 문이 열리고

한 시간의 기도가
육 일간의 세계에서

내 영혼이
섬김과 나눔의
열매가 맺어가네

숲이 이루기를
다음 한 시간을
사모하면서

묵상 합3:17-19

비록 무화과나무가 무성치 못하며 포도나무에 열매가 없으며 감람나무에 소출이 없으며 밭에 식물이 없으며 우리에 양이 없으며 외양간에 소가 없을찌라도/ 나는 여호와를 인하여 즐거워하며 나의 구원의 하나님을 인하여 기뻐하리로다/ 주 여호와는 나의 힘이시라 나의 발을 사슴과 같게 하사 나로 나의 높은 곳에 다니게 하시리로다 이 노래는 영장을 위하여 내 수금에 맞춘 것이니라.

밭

백발에 허리는 구부러지고
지팡이 짚고 땅만 바라보는
쓸모없는 자가 되었구나

그러나
내 영혼은
하늘만을 사모함이여

하나님 말씀의 씨가
내 심령 밭에 떨어져

싹이 돋고 잎이 나고 꽃이 피고 열매 맺는
성령의 열매가 주렁주렁 맺어서

쓸모없는 자가
쓸모 있는 자로 되길 원하노라

묵상 민17:8

이튿날 모세가 증거의 장막에 들어가 본즉 레위 집을 위하여 낸 아론의 지팡이에 움이 돋고 순이 나고 꽃이 피어서 살구 열매가 열렸더라.

한 그루 나무

너는 무슨 사연이 있기에
모진 해풍을 타고
바위 절벽 사이에서
홀로 자라고 있느냐

너는
새들이 오면
웃기도 하고 울기도 하고

파도가 부서지는 사연
밀물과 썰물이 드나드는 사연
갯벌의 생태계가 살아가는 사연들을

새들에게 전하면
새들은 산골 나무에게 전하고
산골 나무들은
나무 사이에 불어오는
성령의 바람 타고 전하고

나도 너처럼
창조주 하나님의 사랑을
전했으면 좋겠다

묵상 고전13:4-7

사랑은 오래 참고 사랑은 온유하며 투기하는 자가 되지 아니하며 사랑은 자랑하지 아니하며 교만하지 아니하며/ 무례히 행치 아니하며 자기의 유익을 구치 아니하며 성내지 아니하며 악한 것을 생각지 아니하며/ 불의를 기뻐하지 아니하며 진리와 함께 기뻐하고/ 모든 것을 참으며 모든 것을 믿으며 모든 것을 바라며 모든 것을 견디느니라.

십자가의 도道

도심 지대에는
바벨탑을 쌓고
그늘에서는 춤을 추며

거리는 분주하고

모두 다 고개 숙여
손바닥(스마트폰) 위에서
세계를 돌리고 있다

그러나
꽃이 피고 새가 넘나드는
도심 지대

밤이면
십자가의 빛깔들이
인생들의 이정표 되어

생명의 길로 인도하는
아름다움이여

지혜 있는 자는
십자가 사랑의 품으로
돌아오리라

묵상 **고전1:18**

십자가의 도가 멸망하는 자들에게는 미련한 것이요 구원을 얻는 우리에게는 하나님의 능력이라.

빈자리

험난한 세월을 달래며
때로는 금반지 끼고
춤도 추고 노래도 부른다

그러나
헛된 것뿐이며

내 영혼의 빈자리는
채워지지 않는구나

나를 창조하신
하나님 아버지만 사랑할 때

내 영혼의 빈자리가
성령으로 충만하게
채워가고 있네

묵상 전12:8

전도자가 가로되 헛되고 헛되도다 모든 것이 헛되도다.

추수(추수감사절 예배)

주님이 햇빛과 단비로
알알을 황금빛으로 가득하게 하셔서

농부들의 추수하는 웃음소리가
지평선 너머까지 들려오는구나

때로는
태풍이 비바람을 몰고 와도

구름이 지나고
햇빛이 나고

주님의 사랑과 은혜를
감당하지 못하오니

추수를 갈무리하기 전
이 가을을 이대로 받아주옵소서

묵상 사62:9

오직 추수한 자가 그것을 먹고 나 여호와를 찬송할 것이요 거둔 자가 그것을 나의 성소 뜰에서 마시리라 하셨느니라.

길

그토록 좁은 길을
가야 한다기에
천천히 갑니다

나비 한 마리가
진달래 꽃 향기를
머리 위에 붇고 갑니다

묻혀버린
옛 광야의 새 길을

구부러진 허리 위에
책 보따리 얹어놓고

지팡이 의지하여
천천히 갑니다

양팔을 벌리고
나를 안아 주며
눈물을 닦아줍니다

세상에서 없는
찐한 향기 속에
나는 묻혀버렸습니다

묵상 요14:6

예수께서 가라사대 내가 곧 길이요 진리요 생명이니 나로 말미암지 않고는 아버지께로 올 자가 없느니라.

12월의 노래

앙상한 가지들은 순종하고
나무뿌리들은 묵상하네

외롭게
연한 순 하나 올라올 때

별들과 천사들의
청아한 노래 소리에

잠든 대지가
눈을 뜨고

내 마음 밭에는
조용히 조용히
눈이 내리네

묵상 욥37:6

눈을 명하여 땅에 내리라 하시며 적은 비와 큰 비도 그 같이 내리게 하시느니라.

밧줄

하나님 사랑
우리는 알지 못하는 사랑

생명나무는
주님의 십자가 되고

선악나무는
만백성의 나무가 되었네

피 묻은 왼손은
심부의 베개 되고

피 묻은 오른손은
심부 가슴을 덮었도다

영원히 끊을 수가 없는
사랑의 밧줄

영원에서 영원까지
묶여진 사랑이여

묵상 아8:3

너는 왼손으로 내 머리에 베개하고 오른손으로 나를 안았었으리라.

색소폰의 기도

-허명근 목사님 색소폰의 기도

별들은
낙엽 사이로 얼굴을 내밀며
풀들과 속삭이다가

어슴푸레 여명이 다가오면
별들은 말없이 숨어버리고

누구인가 멧부리에서
색소폰의 잔잔한 기도소리에

골짝마다 물소리도 멈추고
귀 기울일 때

하늘에서 내려오는 평화가
온 땅에 파도처럼 넘실거리네

묵상 요14:27

평안을 너희에게 끼치노니 곧 나의 평안을 너희에게 주노라 내가 너희에게 주는 것은 세상이 주는 것 같지 아니하니라. 너희는 마음에 근심도 말고 두려워하지도 말라.

황혼의 길에서

바람에 한 잎 두 잎
낙엽이 덮인 거리

황혼의 그림자가
길어 갈 때에

모든 자연은
이불을 덮어가네

나의 친구
고목나무에 기대면

고목나무는
내 영혼과 교감하며

내 영혼은
잎이 무성해지면서

모든 것을 품고 사는
따뜻한 황혼의 길이 되리라

묵상 시92:14

늙어도 결실하며 진액이 풍족하고 빛이 청청하여

한번쯤

내 영혼아
살아가면서

항상
기쁘고 즐거운 일
없지 않는냐

때로는
앞이 꽉 막힐 때

한번쯤 멈추고
내가 나를
성찰해보아라

그리고
하나님께서

임이
예비해 놓으신

나침판의 방향을 찾아보아라

묵상 출14:10-14

바로가 가까와 올 때에 이스라엘 자손이 눈을 들어 본즉 애굽 사람들이 자기 뒤에 미친지라 이스라엘 자손이 심히 두려워하여 여호와께 부르짖고/ 그들이 또 모세에게 이르되 애굽에 매장지가 없으므로 당신이 우리를 이끌어 내어 이 광야에서 죽게 하느뇨 어찌하여 당신이 우리를 애굽에서 이끌어내어 이같이 우리에게 하느뇨/ 우리가 애굽에서 당신에게 고한 말이 이것이 아니뇨 이르기를 우리를 버려 두라 우리가 애굽 사람을 섬길 것이라 하지 아니하더뇨 애굽 사람을 섬기는 것이 광야에서 죽는 것보다 낫겠노라/ 모세가 백성에게 이르되 너희는 두려워 말고 가만히 서서 여호와께서 오늘날 너희를 위하여 행하시는 구원을 보라 너희가 오늘 본 애굽 사람을 또 다시는 영원히 보지 못하리라/ 여호와께서 너희를 위하여 싸우시리니 너희는 가만히 있을지니라.

솔개 이야기

솔개는 수명이 70년이라 한다
중간 40년이 되면
부리 발톱 날개가 자라서
먹이를 잡을 수가 없어
게으른 솔개는
40년의 수명을 다 하지만
부지런한 솔개는
아픔을 참고
부리와 발톱과 날개를
바위에다가 갈아서 재생하고
70년을 산다고 한다

나는 푯대를 향하여
달려갈 길을 갈 때

아픔과 고통이 올 때마다
솔개 생각이 난다

묵상 욥23:10

나의 가는 길을 오직 그가 아시나니 그가 나를 단련하신 후에는 내가 정금 같이 나오리라.

소원

서리산 가는 길에
철쭉꽃이 피어 있고

내 머리 위에는
동백꽃이 피어 있네

내 마음속에
영으로 지은 성전에는

주님의 찬란한 빛이
넘치게 하셔서

내 몸에 광채가
생명들이 살아나는
소리를 듣게 하옵소서

묵상 단12:3

지혜 있는 자는 궁창의 빛과 같이 빛날 것이요 많은 사람을 옳은데로 돌아오게 한 자는 별과 같이 영원토록 비취리라.

새해 첫 설교 이야기

-박범종 담임목사님 설교집 중에서

나는 새해가 되면
습관을 따라
해마다의 목사님 설교집 중에서
새해 첫 설교를 읽어보고
묵상한다

어느 해인가
특별히 눈에 띄는
새해 첫 설교가 있다

제목은
"묵상하고 기도하라"
머리로 하지 말고
가슴으로 뜨겁게 기도하라는
설교를

한 달 내내 되풀이
강조하신 설교다

지금 생각해보면

새해 여객선이
망망대해를 지나갈 때

유라굴로의 광풍이
파도를 몰고 오는 것을
아무도 보지 못하고
선장(목사님)만 본 것이다

그 후 코로나가
전 세계에 파도칠 줄이야
누가 알았겠는가

그래서
새해 첫 설교를
습관적으로
묵상하고 기도한다

묵상 행27:14

얼마 못되어 섬 가운데로서 유라굴로라는 광풍이 대작하니

하루 첫 시간

동녘 하늘에
해가 뜨기 전

먼저
내 눈을 뜨게 하셨네

구름도 바람도
어제와 다르고

어제 맺었던
꽃봉우리가
오늘은 활짝 피었네

나무와 풀들은
하나님을 향하여
조용히 무릎을 꿇었네

오늘도 내 앞에
주님의 십자가 속에는
하나님의 앞품이 들어있음이여

생각할 때마다
눈물이 비처럼 쏟아지네

햇빛이 조용히 떠올라서
살며시
내 눈물을 닦아주네

나
주님 앞에
무엇을 드리오리까

오직
감사 감사 감사 뿐이로다

묵상 막1:35

새벽 오히려 미명에 예수께서 일어나 나가 한적한 곳으로 가사 거기서 기도하시더니

구십 고갯마루

내 영혼아
구십 고갯마루에
올라섰구나

아래로는
구름이 덮여 있고

위로는
멧부리들의 숨소리

이 사이에서
내 영혼은

하나님
사랑을 안고

하나씩 하나씩
천천히 천천히

내
심령밭에
말씀의 씨를 심어

새 하늘과
새 땅을
창조해 나가리라

묵상 사58:11

나 여호와가 너를 항상 인도하여 마른 곳에서도 네 영혼을 만족케 하며 네 뼈를 견고케 하리니 너는 물 댄 동산 같겠고 물이 끊어지지 아니하는 샘 같을 것이라.

공

엄마는 아이에게
장난감
작은 공 하나를 주었다

아이는
재미있게 가지고 놀다가
팽개쳐버린다

엄마는
공을 깨끗이 씻어주었다

아이는
가지고 놀다가 싫증이 나서
송곳으로 구멍을 뚫었다

바람 빠지는 요란한 소리
공기도 탁하다

아이는
옆에 있는 벌레 놀이감을

손 위에 놓고 즐거워한다

엄마는
공을 다시 깨끗이 씻어
바람을 넣어줄까?

*엄마_하나님.
*공_ 지구

묵상 시91:1-16

지존자의 은밀한 곳에 거하는 자는 전능하신 자의 그늘 아래 거하리로다. ~ 내가 장수함으로 저를 만족케 하며 나의 구원으로 보이리라 하시도다.

말씀의 힘

창조주
나의 하나님

만물에게는
삶의 힘을 주시고

사람에게는
말씀의 힘을 주셔서

내 영혼의 뼈에
생기가 넘치나이다

영원하신
나의 하나님

어두워져 가는
이 세상에
죽어가는 생명들이

하나님의
말씀에 힘으로

봄에
아름다운 동상처럼

날마다
아름다운 생명들이
살아나게 하옵소서

묵상 딤후3:16

모든 성경은 하나님의 감동으로 된 것으로 교훈과 책망과 바르게 함과 의로 교육하기에 유익하니

봉숭아

가시덤불 속에서
홀로 피어난 봉숭아

바람이 불면
가시에 찔려도
같이 흔들어 대고

비가 오면
가시나무와 함께
빗방울 떨어트리며

어린이들은
잎을 따다가

손톱 발톱
붉은 물 들이며 기뻐하네

봉숭아야
네 찢어진 몸의 피가
내 영혼에 흘러서

나는
날마다 무릎을 꿇노라

묵상 눅22:39-46

예수께서 나가사 습관을 좇아 감람산에 가시매 제자들도 좇았더니 ~ 이르시되
어찌하여 자느냐 시험에 들지 않게 일어나 기도하라 하시니라.

훈련

대장간
풀무를 차려놓고

무쇠를 불가마에 넣어
두드릴 때
얼마나 뜨겁고 아플까

그러나 참고 견디면
주인의 마음에 맞는
물풀이 탄생한다

나 세상 살면서
수많은 고통과 환난의
긴 세월 속에

오늘도
욥의 마음을 묵상하노라

묵상 욥23:10

나의 가는 길을 오직 그가 아시나니 그가 나를 단련하신 후에는 내가 정금 같이 나오리라.

독수리 이야기

높이 떠서 먹이를 찾는 독수리
먹이를 발견하고
땅을 향하여 화살같이
먹이를 낚아채려 할 때

숲속에 숨어서
쳐다보던 호랑이가
독수리를 덮치려
달려가는 순간

갑자기 놀랜 독수리는
자기 날개가 있는 줄 모르고
도망치다가
먹잇감이 되었다고 한다

하늘을 바라보고 산다 하면서도
코로나로 인해서
마음 한 구석에는
콩알만 한 불안이 나에게도 있네

묵상 시91:5-6

너는 밤에 찾아오는 공포와 낮에 날아드는 화살과/ 어두울 때 퍼지는 전염병과 밝을 때 닥쳐오는 재앙을 두려워하지 아니하리로다.

고함

초등학교 운동회
백군과 청군의 경쟁으로

고함이 요란하고
응원단들도 모여든다

나는
국회 앞을 지날 때마다
초등학교 운동회가 생각난다

대한민국 건국
초대 국회 첫날 첫 시간

하나님 앞에 먼저
기도로서 시작한 국회가

백군과 청군의
고함만 요란하구나

묵상 암5:21-24

내가 너희 절기를 미워하여 멸시하며 너희 성회들을 기뻐하지 아니하나니/ 너희가 내게 번제나 소제를 드릴찌라도 내가 받지 아니할 것이요 너희 살진 희생의 화목제도 내가 돌아보지 아니하리라./ 네 노래 소리를 내 앞에서 그칠찌어다 네 비파 소리도 내가 듣지 아니하리라/ 오직 공법을 물 같이, 정의를 하수 같이 흘릴찌로다.

기막힌 훈련

독수리는 눈을 가리고
말馬은 재갈을 물리고

사람은
코로나로 인해서
마스크를 쓰고

기막힌
훈련을 하고 있다

묵상 잠13:3

입을 지키는 자는 그 생명을 보전하나 입술을 크게 벌리는 자에게는 멸망이 오느니라.

모락모락

갈수록 많은 사람들
외식을 좋아하지만

맛있고 달콤한 것은
뼈를 마르게 하지

사랑의 가정에서
따뜻한 밥상을 펴 놓으면

사랑의 김이
모락모락 피어올라

영혼과 육체가
날마다 성장한다

묵상 딤후3:16-17

모든 성경은 하나님의 감동으로 된 것으로 교훈과 책망과 바르게 함과 의로 교육하기에 유익하니/ 이는 하나님의 사람으로 온전케 하며 모든 선한 일을 행하기에 온전케 하려 함이니라.

부활의 아침

주님이 무덤에 누우셨으나
죽음보다 강한 사람
무덤에서 살아나셨네

나는 어젯밤
잠자리에 들었는데

무엇을 보이시려
눈을 뜨게 하셨을까

수많은 세월
잠을 자고 눈을 뜨고

오늘도 보이지 않는
이 땅의 새 하늘과 새 땅

하나님 사랑
오래 참으심이여

묵상 계21:1

또 내가 새 하늘과 새 땅을 보니 처음 하늘과 처음 땅이 없어졌고 바다도 다시 있지 않더라.

빛의 길

광야에 오래 묻혀버린
빛의 보물상자

눈물 없이는
빛을 볼 수 없다기에

눈물을 수없이 닦고 또 닦아도
보이지가 아니하네

바람 따라 구름 따라
말없이 천천히 걸어가노라면

뜨거운 눈물이
지팡이에 흐르고

빛이 보이는
길을 찾았네

묵상 요14:16

내가 아버지께 구하겠으니 그가 또 다른 보혜사를 너희에게 주사 영원토록 너희와 함께 있게 하시리니

안개꽃

꽃 중에 꽃
가장 작은 꽃

작은 가슴에
힘 다해서
피어나는 꽃이여

홀로 서기에는 부끄러워
힘을 모아
은하수가 되고

때로는
꽃들을 감싸주면서

희생하고 봉사하는
깨끗하고 순진한
하얀 안개꽃

나 작은 믿음이
부끄럽구나

묵상 요12:26

사람이 나를 섬기려면 나를 따르라 나 있는 곳에 나를 섬기는 자도 거기 있으리니 사람이 나를 섬기면 내 아버지께서 저를 귀히 여기시리라.

반석

돌풍은
파도를 몰고

파도는
바위를 부수고

바위틈에
홀로 핀 꽃 한 송이
웃고 있네

내 영혼아
믿음의 반석 위에서

근심과 걱정으로
살지 말아라

묵상 마7:24-25

그러므로 누구든지 나의 이 말을 듣고 행하는 자는 그 집을 반석 위에 지은 지혜로운 사람 같으리니/ 비가 내리고 창수가 나고 바람이 불어 그 집에 부딪히되 무너지지 아니하나니 이는 주초를 반석 위에 놓은 연고요

아침 기도

미명의 시간
조용히 눈을 감으면

산허리들이
기지개 펴는 소리

광활한 바다와 우주가
숨을 쉬는 소리

가장 작은 미립자로부터
풀과 나무 꽃들이

하나님의 권능과 영광을
노래하는 소리

둥지 속에서
어미 날개 아래
새끼들이 코고는 소리

내 영혼의 노래가
이 속에 묻혀버려서

어디에 있는지
알지 못하는
아침 기도여

묵상 창1:1

태초에 하나님이 천지를 창조하시니라.

아버지

바람은
천지를 휘감아 돌면서

광야에 홀로 핀
한 송이 꽃의 향기를 싣고

나의 숨결에 생령과
꽃의 향기가 부딪칠 때
사랑의 줄이 되어

창조주 하나님을
아바 아버지라 부르는
최고의 복을 누리며 사노라

묵상 요1:12

영접하는 자 곧 그 이름을 믿는 자들에게는 하나님의 자녀가 되는 권세를 주셨으니

하나님을 바라라

꽃이 피면 기뻐하고
꽃이 지면
더 아름다워라

그 속에
생명의 씨가 있음이여

창조주 하나님의 솜씨를
알 사람이 없도다

내 영혼아
하나님을 바라라

바라봄 속에
생명의 씨
사랑의 씨가

읽어가는 것을
기뻐하라

묵상 시42:5

내 영혼아 네가 어찌하여 낙망하며 어찌하여 내 속에서 불안하여 하는고 너는 하나님을 바라라 그 얼굴의 도우심을 인하여 내가 오히려 찬송하리로다.

도시 교회

도시가 타버린 잿더미 위에
맨발로 서 있노라면

교회의 종소리가
심금을 울리는구나

댕그랑- 땡
댕그랑- 땡

평화의 왕
예수여-

댕그랑- 땡
댕그랑- 땡

평화의 왕
예수여-

바로 그곳에
구두를 신고 서 있노라면

교회의 종소리 들리지 않고
시끌벅적 소리만 들리는구나

묵상 요14:27

평안을 너희에게 끼치노니 곧 나의 평안을 너희에게 주노라 내가 너희에게 주는 것은 세상이 주는 것 같지 아니하니라 너희는 마음에 근심도 말고 두려워하지도 말라.

한 사람 위하여

사랑은
여인만이 간직하는 것

무섭고도
따뜻한 사랑이여

지난날들을
묻어버리고

한 사람 위하여
구곡간장 다 태우며

메마른 눈물로
죽었다가 다시 태어나는
사랑의 여인이여

이런 여인 앞에
무릎을 꿇고

이 생명 다하기까지
사랑하리라

묵상 잠5:15-20

너는 네 우물에서 물을 마시며 네 샘에서 흐르는 물을 마시라/ 어찌하여 네 샘물을 집 밖으로 넘치게 하겠으며 네 도랑물을 거리로 흘러가게 하겠느냐/ 그 물로 네게만 있게 하고 타인으로 더불어 그것을 나누지 말라/ 네 샘으로 복되게 하라 네가 젊어서 취한 아내를 즐거워하라/ 그는 사랑스러운 암사슴 같고 아름다운 암노루 같으니 너는 그 품을 항상 족하게 여기며 그 사랑을 항상 연모하라/ 내 아들아 어찌하여 음녀를 연모하겠으며 어찌하여 이방 계집의 가슴을 안겠느냐.

물방울

소나기가 그치고
이슬비가 그쳐도

나뭇잎 끝에
풀잎 끝에
물방울 하나
매달려 있네

그 속에는
나무와 풀 채소들의
감사에 눈물 기도
들어있는데

왜 나는
눈썹 끝에
감사의 눈물 기도 방울이 없을까

묵상 신32:2

나의 교훈은 내리는 비요 나의 말은 맺히는 이슬이요 연한 풀 위에 가는 비요 채소 위에 단 비로다.

단풍나무

곱게 물든 낙엽이
소슬바람에

한 잎 두 잎
자기 발등상에 떨어질 때

뿌리는
조용히 묵상하네

내 영혼아
낙엽 한 잎도
밟지 말아라

그리고
봄을 위해 묵상하라

창조주 하나님에
무언의 잠언이시다

묵상 겔31:8

하나님의 동산의 백향목이 능히 그를 가리우지 못하며 잣나무가 그 굵은 가지만 못하며 단풍나무가 그 가는 가지만 못하며 하나님의 동산의 아무 나무도 그 아름다운 모양과 같지 못하였도다.

아멘 그물

창세기 1장 1절의
언덕에 서서

아멘 그물을 던져
물고기를 잡으면서

계시록 22장 20절의
언덕까지 왔는데

아멘 그물이 찢어져
고기가 다 도망쳤도다

주님 속히 오셔서
물고기 조반 드시라고
초대하지 못하고

다시
좋은 아멘 그물 만들어

창세기 1장 1절의
언덕에 서서

더 깊은 곳에
그물을 던지고 있노라

묵상 계22:20

이것들을 증거하신 이가 가라사대 내가 진실로 속히 오리라 하시거늘 아멘 주 예수여 오시옵소서.

감사

이 못난이를
이토록 그렇게도
사랑하시나요

먹이시고
입히시고
생명주시고

비가 오고
눈이 오고
바람이 불어도

미련해서
그 사연
알지도 못하는데

주님의 이름만 불러도
어쩔 줄 모르시고
기뻐하시는 주님

이 못난이
주님 앞에 드릴 것은

감사 감사 또 감사
감사에
눈물뿐이네요

묵상 살전5:18

범사에 감사하라 이것이 그리스도 예수 안에서 너희를 향하신 하나님의 뜻이니라.

가을 산

늠름한 산
힘센 장수

가을에는
색동옷 갈아입고

많은 사람
즐겁게 하네

봄이면
청소년 되었다가

여름에는
청년이 되고

가을에는
고별인사를 하네

창조주 하나님이
너를 통해

인생들에게 교훈하시는
아름다움이여

진리의 산
가을의 산

묵상 잠16:31

백발은 영화의 면류관이라 의로운 길에서 얻으리라.

뿌리

나무 숲 우거진
오솔길 옆에

홀로 서 있는
나무 한 그루

딱따구리가
부리로 조아
집을 만들고

수많은 벌레 먹이를 찾네

나무를 뚫고
생수를 받아가는
심술꾸러기

너
못 견디게 아프겠지

나보다
인내심이 강하구나

너는
쓰러진다 해도
그루터기는 있어
다시 소생하지만

나의 뿌리는
하늘에 있음이여

내가 쓰러지면
씨도 없고
소생치 못하나니

그러나
하나님의 섭리에
감사할 뿐이로다

묵상 욥14:7-10

나무는 소망이 있나니 찍힐찌라도 다시 움이 나서 연한 가지가 끊이지 아니하며/ 그 뿌리가 땅에서 늙고 줄기가 흙에서 죽을찌라도/ 물 기운에 움이 돋고 가지가 발하여 새로 심은 것과 같거니와/ 사람은 죽으면 소멸되나니 그 기운이 끊어진즉 그가 어디 있느뇨.

웃으심

내 영혼아
하나님만 사랑하라

내 육신아
즐거워할지어다

나를 창조하신 이는
천지를 창조하신
하나님 나의 아버지시라

내가 오늘도
이 땅에 살아있음은
아버지의 뜻이로다

날마다
힘쓰고 애쓰며
살아가는 것은

아버지가 주신 재능을

아버지 웃으시는 것을
보시기 위함이니

기뻐하시고
더욱더 힘을 주소서

묵상 마25:14-18

또 어떤 사람이 타국에 갈제 그 종들을 불러 자기 소유를 맡김과 같으니/ 각각 그 재능대로 하나에게는 금 다섯 달란트를, 하나에게는 두 달란트를, 하나에게는 한 달란트를 주고 떠났더니/ 다섯 달란트 받은 자는 바로 가서 그것으로 장사하여 또 다섯 달란트를 남기고/ 두 달란트 받은 자도 그같이 하여 또 두 달란트를 남겼으되/ 한 달란트 받은 자는 가서 땅을 파고 그 주인의 돈을 감추어 두었더니

창조의 사랑

소슬바람 불러오는
가을과 겨울의 오솔길에서

단풍잎 밟으며
다정스레 걸어가는
남녀 한 쌍의 모습

갈대밭 길 지날 때는
보이지 않네

아름다운 자연들은
인생들을 따뜻이 품어주고

동백꽃은
나무에 피었다가
땅으로 내려와 피고

다음에는
내 마음속에
들어와 피네

하나님은
사랑이시라

묵상 요일4:7-21

사랑하는 자들아 우리가 서로 사랑하자 사랑은 하나님께 속한것이니 사랑하는 자마다 하나님께로 나서 하나님을 알고/ 사랑하지 아니하는 자는 하나님을 알지 못하나니 이는 하나님은 사랑이심이라 ~ 누구든지 하나님을 사랑하노라 하고 그 형제를 미워하면 이는 거짓말 하는 자니 보는바 그 형제를 사랑치 아니하는 자가 보지 못하는바 하나님을 사랑할 수가 없느니라/ 우리가 이 계명을 주께 받았나니 하나님을 사랑하는 자는 또한 그 형제를 사랑할찌니라.

나의 인생

이 세상
인생으로 태어나서

웃기도 하고
울기도 하고

걸어온 발자국마다
아쉬움만 남겨놓았네

그러나
내 곁에는

사랑하는 자
한 사람 있으니

외롭지 않고
슬프지 않고

내 생명
그에게 다 주었노라

사랑하는 자
이름만 불러도

잔잔히 웃으며
포근히
안아주는 사랑

이것이
이 세상 태어난

내 인생의
기쁨이로다

묵상 습3:17

너의 하나님 여호와가 너의 가운데 계시니 그는 구원을 베푸실 전능자시라 그가 너로 인하여 기쁨을 이기지 못하여 하시며 너를 잠잠히 사랑하시며 너로 인하여 즐거이 부르며 기뻐하시리라 하리라.

대한민국

저물어 가는
대한민국

수고의 옷을 빨아
깨끗한 우리 민족의
흰옷으로 갈아입고

태백산 산마루에
태극기를 높이 세우자

하늘과 땅이
맞닿은 대한민국

이 사이에
평화의 생수가
넘쳐흘러서

창조의 생명들이
숨을 쉬노라

잔디의 뿌리가
번성하듯

대한민국의 복이
지구를 감싸는
평화의 복이 되어

하늘과 땅이 기뻐하는
정결한 민족이 되리라

묵상 히9:14

하물며 영원하신 성령으로 말미암아 흠 없는 자기를 하나님께 드린 그리스도의 피가 어찌 너희 양심으로 죽은 행실에서 깨끗하게 하고 살아계신 하나님을 섬기게 못하겠느뇨.

달력

벽에 달랑 한 달 남은
12월의 달력

꽃이 피고
비가 오고
열매 맺고

기쁨과 아픔이
뒤섞인 나날들

이제는 외롭게
홀로 남았네

옆에 걸린 시곗바늘
멈출 줄 모르고

하루하루
밀어내는 그 속에

쓰다만 일기처럼

아쉬움 남겨놓고
살아져 가는 12월

그러나
소망이 있나니

12월의 끝자락에
새날이 밝아오는
찬란한 빛 속에

새 생명들의 숨소리가
창조주 하나님께
경배드리네

묵상 창8:22

땅이 있을 동안에는 심음과 거둠과 추위와 더위와 여름과 겨울과 낮과 밤이 쉬지 아니하리라.

그리움

다정스레
손잡고 걸어간
오솔길 위에

함박눈이
조용히 내리고 있네

다정스레
손잡고 걸어간
그 오솔길 위에

꽃향기가
가득히 넘치고 있네

지금은 어디서
무얼을 하는지

우거진 숲속
그 오솔길 옆에서

손잡고 기도한
벤치 위에

한 잎 두 잎
낙엽이 쌓여만 가네

이제는
내 머리 위에도
하얀 눈이 내리겠지

묵상 요15:12-17

내 계명은 곧 내가 너희를 사랑한 것 같이 너희도 서로 사랑하라 하는 이것이니라/ 사람이 친구를 위하여 자기 목숨을 버리면 이에서 더 큰 사랑이 없나니/ 너희가 나의 명하는대로 행하면 곧 나의 친구라/ 이제부터는 너희를 종이라 하지 아니하리니 종은 주인의 하는 것을 알지 못함이라 너희를 친구라 하였노니 내가 내 아버지께 들은 것을 다 너희에게 알게 하였음이니라/ 너희가 나를 택한 것이 아니요 내가 너희를 택하여 세웠나니 이는 너희로 가서 과실을 맺게 하고 또 너희 과실이 항상 있게 하여 내 이름으로 아버지께 무엇을 구하든지 다 받게 하려 함이니라/ 내가 이것을 너희에게 명함은 너희로 서로 사랑하게 하려함이로라.

음성

나를 그토록
사랑한다기에

물 건너 산 너머
찾아갔노라

아무도 보이지 않고
쪽지 한 장 남겨놓았네

뒤돌아설 때
세상에서 한 번도 듣지 못한

깊고도 따뜻한
세미한 음성

"내가 너를 사랑하노라"

나도 모르게 무릎을 꿇고
소리소리 지르며

"주여, 나를 그토록 사랑하셨나요"

구부러진 허리에
지팡이 짚고

주님가신 길
십자가의 길을 갑니다

묵상 요3:16

하나님이 세상을 이처럼 사랑하사 독생자를 주셨으니 이는 그를 믿는 자마다 멸망하지 않고 영생을 얻게 하려 하심이라.

성탄절

마리아여!

아기를
뜨거운 내 심장 속에
넣어주세요

가슴 아픈 하나님의 사랑을 생각할 때, 내 눈물이 하염없이 쏟아져서 필을 놓아버린 짧은 시.

묵상 눅2:11-14

오늘날 다윗의 동네에 너희를 위하여 구주가 나셨으니 곧 그리스도 주시니라/ 너희가 가서 강보에 싸여 구유에 누인 아기를 보리니 이것이 너희에게 표적이니라 하더니/ 홀연히 허다한 천군이 그 천사와 함께 있어 하나님을 찬송하여 가로되/ 지극히 높은 곳에서는 하나님께 영광이요 땅에서는 기뻐하심을 입은 사람들 중에 평화로다 하니라.

너는 누구냐

어느날
내 영혼이
나에게 물어 본다

“너는 누구며 어디를 가느냐”

“나는 하나님의 아들이며
주님의 발자국을 따라가노라”

답변한 후 생각해보았다
눈물 고인 주님의 발자국 외에는
하나님의 사랑을 알 수가 없구나

따라가는 주님의 발자국마다
새로운 꽃이 피고
꽃구경하느라
천천히 천천히 걸어가고 있다

묵상 요19:30

예수께서 신 포도주를 받으신 후 가라사대 다 이루었다 하시고 머리를 숙이시고 영혼이 돌아가시니라.

창조 신앙

해가 뜨면
왜 어둠이 물러가고

바람이
구름을 몰고 오면

동물들도
왜 숨을 죽이며

바다는
밀물과 썰물이
왜 드나드는가

똑같은
사람인데

울고 왔다
왜 울고 가고

울고 왔다가
왜 웃고 가는가

헤아릴 수 없이
오묘하고 웅장한

하나님의 창조에
작품을 보면서

나는 오늘도
믿음으로 신앙의 기둥을
세워가고 있다

묵상 창1:1-3

태초에 하나님이 천지를 창조하시니라/ 땅이 혼돈하고 공허하며 흑암이 깊음 위에 있고 하나님의 신은 수면에 운행하시니라/ 하나님이 가라사대 빛이 있으라 하시매 빛이 있었고

걸어가는 내 모습

나는 태어나서
아장아장 걸어가네

나는 키가 자라면서
친구들과 걸어가네

나는 아름다운 황혼 빛 속에
혼자서 걸어가네

나는 정글 속 오솔길에
눈물자국 따라가며
천천히 걸어가네

나는 광야에 묻혀버린
수많은 보배함 위에
꽃씨를 뿌리면서

나는 오늘도 묵상하며
빛을 따라 걸어가네

묵상 마16:24

이에 예수께서 제자들에게 이르시되 아무든지 나를 따라 오려거든 자기를 부인하고 자기 십자가를 지고 나를 좇을 것이니라.

나 가는 길

오늘도
나 가는 길
에벤에셀은 없습니다

길 좌편에는
그림 같은 집들이 있고
불고기 냄새가 진동합니다

길 우편에는
잔디를 밟고
골프를 칩니다

구부러진 허리에
땅이 숨 쉬는 소리를 들으며
지팡이 의지하고

열린 문을 향하여
좁은 길을 천천히
걸어갑니다

묵상 마7:13-14

좁은 문으로 들어가라 멸망으로 인도하는 문은 크고 그 길이 넓어 그리로 들어가는 자가 많고/ 생명으로 인도하는 문은 좁고 길이 협착하여 찾는 이가 적음이니라.

숨결

바람에
꽃이 피고
포도가 익어 가고

바람에
낙엽이 지고
생명들이 동면하며

하나님의
사랑의 숨결이
참으로 아름다워라

어린 아이가
엄마 등에서
숨 쉬는 소리에

땅도 바다도
날짐승도
박수 치는 소리에

잔잔히 웃으시는
창조주 하나님

나
원하옵기는

포대기끈이
풀어지지 않도록

꼭
묶어주시옵소서

묵상 요14:27

평안을 너희에게 끼치노니 곧 나의 평안을 너희에게 주노라 내가 너희에게 주는 것은 세상이 주는 것 같지 아니하니라 너희는 마음에 근심도 말고 두려워하지도 말라.

향기

아무도 없는
산골짝

샘물이 흐르는
숲속에서

연약한 '순' 하나가
허리를 구부렸다가 폈다가

되풀이하는
고난을 안고 자라면서
끝자리에는
이름 모를 작은 꽃 한 송이 피어있네

하늘 향하여
조건 없이 향기를 올리며

소슬바람 불면
순종하고 고개를 숙이네

나도
백발의 향기를
조용히 조용히 올려드리리라

묵상 아2:13

무화과나무에는 푸른 열매가 익었고 포도나무는 꽃이 피어 향기를 토하는구나
나의 사랑, 나의 어여쁜 자야 일어나서 함께 가자.

금가락지

교회에
쓸모 있는 자가 되었다가
쓸모없는 자로 되었네

거울 앞에 서 보면
그것도 그렇듯이

백발에 허리는 구부러지고
지팡이 의지하며
손에 금가락지는 없도다

산으로 친구들을
찾아가야겠구나

나무들은 밤낮
손을 들고 찬양하고

꽃은 밤낮
향기를 올리며 찬양하고

나도 친구들과 함께
마음껏
찬양을 올리리라

묵상 약2:1-4

내 형제들아 영광의 주 곧 우리 주 예수 그리스도를 믿는 믿음을 너희가 받았으니 사람을 외모로 취하지 말라/ 만일 너희 회당에 금가락지를 끼고 아름다운 옷을 입은 사람이 들어 오고 또 더러운 옷을 입은 가난한 사람이 들어올 때에/ 너희가 아름다운 옷을 입은 자를 돌아보아 가로되 여기 좋은 자리에 앉으소서 하고 또 가난한 자에게 이르되 너는 거기 섰든지 내 발등상 아래 앉으라 하면/ 너희끼리 서로 구별하며 악한 생각으로 판단하는 자가 되는 것이 아니냐.

함께 가자

하나님은 사랑이시라

창세 전에
사랑 안에서 태동하다가

이 시대에 필요한 자로
태어나게 하셨으니 감사합니다

수많은 고난을 겪으면서도
내 영혼이 주님의 십자가 앞에 가까이 갈 때

주님께서는
“겨울도 지나고 꽃이 피었으니
일어나서 아름다운 동산으로
나와 함께 가자”

나는 기쁨을 참지 못하고
생명의 동산에 눈물 흘릴 때에

주님께서는 눈물을 받으시고
그 눈물로 죄악 세상을 씻으시며

흰옷으로 입혀주시는 주님

나 주님 앞에 감사 외에는
드릴 것이 아무 것도 없나이다

묵상 아2:10-13

나의 사랑하는 자가 내게 말하여 이르기를 나의 사랑, 나의 어여쁜 자야 일어나서 함께 가자/ 겨울도 지나고 비도 그쳤고/ 지면에는 꽃이 피고 새의 노래할 때가 이르렀는데 반구의 소리가 우리 땅에 들리는구나/ 무화과나무에는 푸른 열매가 익었고 포도나무는 꽃이 피어 향기를 토하는구나 나의 사랑, 나의 어여쁜 자야 일어나서 함께 가자.

순복

하늘 아래
외딴 샘 하나

남새밭에
씨 뿌리며
꼬챙이 꽂아놓고

에멜무지로
걸쳐놓으면

나비들이
드나들고

잠자리는
꼬챙이 위에 앉아
구경하고 있네

꽃이 피면
피는 대로

꽃이 지면
지는 대로

바람이 불면
부는 대로

비가 오면
오는 대로

눈이 오면
오는 대로

천천히 걸어가면서

창조주 하나님 앞에
순복하며 살아가는
아름다운 섬 마을 사람들

묵상 삼하22:45

이방인들이 내게 굴복함이여 저희가 내 풍성을 듣고 곧 순복하리로다.

나의 일생

지난날
잊으려 해도

잊을 수 없는
슬픔과 괴로움

사막의
먼지를 안고
굴러다니는
가시덤불 되어
바람이 불면
부는 대로

이리 뒹글고
저리 뒹글고

먼지가 쌓여
곰보돌이 되었네

한 세대
고갯마루에서
내 뼈와 뼈들이
빛으로 굴절되고

오팔의 보석되어
나를 창조하신
그 모습 그대로

창조주 하나님
나의 아버지 앞에

기쁨과 감사로 찬양하리라

묵상 겔16:11-13

패물을 채우고 팔고리를 손목에 끼우고 사슬을 목에 드리우고/ 코고리를 코에 달고 귀고리를 귀에 달고 화려한 면류관을 머리에 씌웠나니/ 이와 같이 네가 금, 은으로 장식하고 가는 베와 명주와 수 놓은 것을 입으며 또 고운 밀가루와 꿀과 기름을 먹음으로 극히 곱고 형통하여 왕후의 지위에 나아갔느니라.

산과 바다

산과 산이 어우러진
골짝에서
아빠가 나무하고
엄마는 시냇물에 빨래한다

아름다운 모색이
하늘을 덮을 때
초가집 굴뚝에서
하얀 연기
산마루를 넘어간다

아빠의 마음 산이 되고
엄마의 마음 바다가 된다

창조주 하나님이
이 골짝에도
생명나무와 선악나무
아름답게 심으셨다

묵상 창2:9

여호와 하나님이 그 땅에서 보기에 아름답고 먹기에 좋은 나무가 나게 하시니 동산 가운데에는 생명나무와 선악을 알게하는 나무도 있더라.

대선

여우가 노는 곳에는
잡초만 무성하고

사슴이 노는 곳에는
새끼를 핥아주네
오묘하게 창조하신
창조주 하나님

의인의 행함은
인정하시나

악인의 행함은
망하리로다

묵상 시1:6

대저 의인의 길은 여호와께서 인정하시나 악인의 길은 망하리로다.

발을 맞추면

분간할 수 없는 밤길
어둠으로 가득한 길

이정표 없는
갈래갈래 길

바람 불고
비 내리고

이리 갈까 저리 갈까
좁은 길 넓은 길

마음의 이정표대로
좁은 길 위에
해가 돋고

뒤돌아 보고
앞을 봐도

주님 가신 길

발자국마다
눈물만이 고여 있네

그 위에
발을 맞추면

내 마음 밭에서
이름 모를 꽃들이
아름답게 피어나네

묵상 창32:31

그가 브니엘을 지날 때에 해가 돋았고 그 환도뼈로 인하여 절었더라.

내 나라

하나님이 주신 이 땅
금수강산에

새벽이슬이
풀잎을 적시고

길과 길마다
골짝 골짝마다

어미의 품에서
포도가 익어가는 소리

메마른 땅에는
단비로
노랑마다 넘실기리고

나뭇가지에는
석류가 눈을 뜰 때

참새들도

나무에서 노래 부르면

세월 속에
가슴의 멍 사라지고

이 나라
이 민족의 노래

평화 평화
평화로다 평화

하늘에서 내려오는
평화가

영원에서 영원까지
내 나라 내 민족을
감싸주리라

묵상 요14:27

평안을 너희에게 끼치노니 곧 나의 평안을 너희에게 주노라 내가 너희에게 주는 것은 세상이 주는 것 같지 아니하니라 너희는 마음에 근심도 말고 두려워하지도 말라.

나 혼자 부르는 애국가

태초에 하나님이 천지를 창조하시니라
놀라우신 주 여호와 하나님

우리를 지으시고 성령을 주시고
찬란한 빛이 심령 속에서

성 삼위일체
하나님 함께 하시오니
놀랍고도 놀랍도다

우리의 조상은
아리랏 산을 넘어
우리를 백의민족으로 만드셨네

내 영혼아
하나님을 바라며
하나님만 사랑하라

하나님이
독생자 예수 그리스도를 통해서

영생의 복을 주셨아오니

감사 감사 감사
영광 영광 영광

받으시옵소서

묵상 요3:16

하나님이 세상을 이처럼 사랑하사 독생자를 주셨으니 이는 저를 믿는 자마다 멸망치 않고 영생을 얻게 하려 하심이니라.

발자취

주님 가신 길
십자가의 길을
빈손 들고 갑니다

손에 쥔 것이 있으면
주님 발자취가
보이지 않습니다

꽃이 피고 새가 노래하는
청명한 날에도

주님 발자취가
보이지 않습니다

비바람이 불고
우레가 성 날 때는

주님의 발자취가
잘 보입니다

꽃이 피는 날이나
비가 오는 날이나
주님 발자취 따라

오늘도
지팡이 의지하고

조심 조심
천천히 천천히
걸어갑니다

묵상 막10:28

베드로가 여짜와 가로되 보소서 우리가 모든 것을 버리고 주를 좇았나이다.

살아온 세월

내 영혼아
내 육체를 끌고

광야에서
지치고 힘들고
외롭고 고독할 때

나는
내 생명의 뿌리를 잡고
몸부림치는 내 모습

야곱의 하나님이여
나의 모습은
보이지 않으십니까

소리 소리 지르며
몸부림쳐 봐도
아무 말도 없는 광야에서

백발이 되도록
살아왔음이 기적이라

저녁노을
언덕에 서 있노라면

성령의 바람이
감싸 휘감아 돌고

새 하늘과
새 땅이 보이는구나

참 좋으신
나의 하나님

내가 드릴 것은
하나님만 사랑하는 것뿐이로다

묵상 마22:37

예수께서 가라사대 네 마음을 다하고 목숨을 다하고 뜻을 다하여 주 너의 하나님을 사랑하라 하셨으니.

주님

나 평생

믿음으로 산다하면서도

백발이 되어서야

주님과 함께

십자가에 죽고

철이 들었나이다

주님의 사랑

마음껏 전할 수 있도록

유기하지 마시고

힘을 공급하여 주시옵소서

-〈노년의 기도〉